LE
DEVOIR POLITIQUE

DES PRINCIPES, PAS DE PARTIS

PAR

Albert Gᵈ DE CHAMBORANT-PÉRISSAT

Ancien Officier de cavalerie, ancien Chef d'escadron d'état-major, Sous-Major de place
de la garde nationale de la Seine

ANGOULÊME

IMPRIMERIE CHARENTAISE DE A. NADAUD & Cⁱ
Rempart Desaix, 25

1871

LE DEVOIR POLITIQUE

La France traverse une des crises les plus graves de son histoire.

A la suite d'une guerre fatale, entreprise sans raison, conduite sans intelligence et terminée sans gloire, elle a dû subir une paix douloureuse qui, pour un temps du moins, va paralyser sa richesse et diminuer son territoire. Ce n'est pas tout.

Aux maux de la guerre étrangère sont venues s'ajouter les horreurs de la guerre civile; à l'humiliation de l'ennemi triomphant, l'humiliation plus grande encore peut-être de l'anarchie victorieuse; et, par suite, les intérêts de toutes sortes, moraux ou matériels, sont partout menacés ou compromis.

Cette situation déplorable, fruit d'une corruption systématique, répandue comme moyen de gouvernement et follement acceptée par toutes les classes d'une nation avide de jouissances, fruit

également d'une incrédulité qui s'est appliquée non-
seulement à la religion, mais à tout dans l'indi-
vidu, dans la famille et dans la société, offre les
plus grands dangers pour l'avenir de notre pays.

Et pour en sortir, il ne faut pas moins que le
concours absolu de tous les bons citoyens, que le
dévouement infatigable de tous les hommes d'intelligence et de cœur.

Tous ont à remplir un devoir plus impérieux que
jamais, le devoir de rechercher, en interrogeant la
nature de leur esprit, la situation de leur fortune
et le soin de leurs intérêts, les moyens par lesquels
ils peuvent aider le mieux à la régénération de la
patrie.

Toutes les questions de personne, de clocher ou
de parti doivent s'effacer aujourd'hui devant les
questions supérieures de l'intérêt national.

L'heure n'est plus, par conséquent, aux joutes
politiques, aux dissentiments de détail, aux luttes
d'influence; l'heure, au contraire, est venue pour
tous les gens honnêtes, pour tous les hommes qui
aiment sincèrement la justice et la paix, de s'unir,
de se serrer les uns contre les autres et de travailler
ensemble à sauver ce qui nous reste d'honneur et
de vitalité.

Chacun doit participer sans relâche à l'œuvre
commune.

Que les hommes politiques, auxquels incombe la
rude tâche de parer aux maux qui nous minent,
tentent, sans se lasser et sans défaillir, tout ce que

peuvent conseiller le bon sens, la modération et la fermeté.

Que les hommes d'action et de dévouement, qui ont si généreusement payé leur dette au milieu de l'effondrement universel, conservent dans toute leur énergie les vertus qui les ont distingués.

Que les hommes de pensée et de plume, enfin, écrivent encore, mais après avoir mûrement réfléchi, et qu'aucun d'eux, qu'aucun de ceux dont l'âme est véritablement noble et généreuse n'emploie ses facultés ou ses talents à répandre des idées qui ne soient un lien, un ciment ou un signe d'alliance entre tous les débris épars de la France mutilée.

Quant à moi, qui viens pour la première fois jeter ma pensée au cœur de mes concitoyens, je me suis juré de ne jamais exprimer aucun sentiment qui puisse être la source de stériles discussions, de discorde intestine ou de lutte inutile.

Beaucoup d'autres, j'espère, feront comme moi.

D'ailleurs, si cet amour fraternel et charitable, qui est le lien naturel entre tous les enfants d'un même pays, n'était pas suffisant pour nous unir, pensons que nos intérêts, d'accord avec les instincts de notre cœur, nous imposent de nous tendre mutuellement la main, car c'est par ce moyen seul que notre nation pourra se réveiller, s'instruire et se moraliser.

Le réveil de la nation, son éducation politique et son éducation morale, voilà bien le but auquel il faut atteïndrë ; mais pour cela, je le répète, il faut l'aide de tous.

La France n'est plus séparée, comme autrefois, en castes antagonistes ; il n'y a plus, à proprement parler, dans notre société démocratique, des nobles, des bourgeois et des plébéiens ; il n'y a qu'un ensemble d'hommes qui, devant la loi humaine comme devant la loi divine, ont tous les mêmes espérances et les mêmes droits ; mais notre société se divise cependant encore en classes différentes.

Si ce n'est plus la naissance qui est la démarcation, c'est l'instruction et la fortune, et, à mon sens, il y a parmi nous et il y aura forcément toujours trois grandes catégories de citoyens :

Ceux qui, ayant l'instruction, possèdent en outre une fortune proportionnée à leurs besoins légitimes et à la modération de leurs désirs ;

Ceux qui, ayant l'instruction aussi, n'ont pas la fortune ou du moins une fortune suffisante, et qui, par conséquent, ont besoin d'ajouter à leurs revenus et à leur patrimoine ;

Ceux enfin qui, n'ayant ni instruction sérieuse, ni fortune, doivent, par un labeur incessant et manuel, assurer leur existence et celle de ceux qui les entourent.

Ces classes diverses ont des obligations différentes sans doute, mais qui toutes se rattachent harmonieusement au même principe : principe d'union, de concorde et d'amour, qui est la base même de toute société chrétienne et civilisée.

Mais, dira-t-on, au milieu des événements si compliqués de la vie politique, à une époque comme la nôtre surtout, où les idées les plus contradictoires, remuées avec passion et habileté, réussissent parfois à nous séduire également, qu'est-ce qui pourra nous guider? qu'est-ce qui pourra nous montrer d'une manière certaine où est l'obligation et l'intérêt?

Il y a au fond de notre conscience un sentiment, si nous savons l'entendre, qui ne nous trompera pas.

Bien démodé de nos jours, hélas! lui seul cependant peut nous conduire au milieu du labyrinthe de la vie, à travers les nuages et les obscurités qui voilent trop souvent la raison humaine : il s'appelle LE SENTIMENT DU DEVOIR.

C'est parce qu'il n'existe plus parmi nous, que nous subissons aujourd'hui les malheurs qui nous accablent.

Depuis trop longtemps, en effet, il est méconnu partout : sur le trône, dans les palais, dans les demeures plus humbles, dans les mansardes et les chaumières.

Ceux qui étaient au pouvoir, ayant odieusement conquis la puissance, en ont honteusement profité.

Ceux qui avaient les souvenirs et la naissance ont détruit leur prestige dans les puérilités et les folies.

Ceux qui gagnaient la richesse et montaient par l'intelligence n'ont fait qu'agrandir l'abîme par la corruption ou la mollesse de leur corps, de leur cœur et de leur esprit.

Ceux, enfin, qui ne pouvaient demander qu'à leurs mains vigoureuses un gain indispensable, ont suivi, dans les villes surtout et même dans beaucoup de campagnes, les exemples funestes qui leur venaient d'en haut.

Au lieu de s'honorer par le travail et les vertus de la famille, ils ont, par leur paresse et par leurs vices, laissé pénétrer dans leurs foyers la misère et la honte, et dans leur âme la dégradation.

Nous nous sommes perdus tous en oubliant le *devoir;* nous nous relèverons en lui rendant nos respects et notre culte.

Rien n'est donc plus utile que d'en faire revivre parmi nous le sentiment, et c'est ce que je veux chercher à faire dans l'humble mesure de mes forces, en me plaçant surtout au point de vue politique et en m'adressant d'une manière plus spéciale à la catégorie de citoyens au milieu de laquelle la Providence m'a fait naître.

I.

La *fortune,* à mes yeux, n'est qu'un dépôt entre les mains de celui qui l'a reçue, dépôt qu'il doit transmettre intact à ses enfants, mais dont il peut user pendant le cours de sa vie selon les inspirations de sa conscience.

Aucune loi humaine n'a le pouvoir, en dehors de

certains cas déterminés, d'indiquer à un homme l'usage qu'il doit faire de sa fortune.

Cet usage est un droit pour lui vis-à-vis de ses semblables et constitue le *principe inviolable de la propriété.*

Mais il n'en est pas de même vis-à-vis de Dieu; le droit cesse pour n'être plus qu'une faculté, comme la faculté de faire bien ou mal.

Et l'emploi que nous en aurons fait sera certainement un des comptes les plus graves que nous aurons à rendre à la justice divine.

Aussi, n'est-il pas douteux que la fortune impose à ceux qui la possèdent des devoirs de toutes sortes; non-seulement des devoirs de charité et de conscience qui ne peuvent être contestés par personne, mais des devoirs sociaux et politiques qui, trop souvent, je ne crains pas de le dire, ne sont pas compris.

Il ne suffit pas, en effet, que l'homme riche sache faire des dons matériels; je pose en principe que son devoir est de donner certains exemples et de se mêler avec courage et dévouement aux tracas de la vie publique.

Il ne doit pas se dire :

« Puisque je n'ai pas besoin d'augmenter ma fortune, je puis me reposer. »

Mais bien :

« Puisque ma fortune n'a pas besoin d'être accrue, au lieu de travailler matériellement pour *moi seul,* je vais travailler moralement pour *tous;* au lieu de travailler dans un intérêt de gain individuel, je vais, selon mon intelligence et mes aptitudes, travailler dans l'intérêt de la patrie et de la société. »

L'*instruction* impose aussi de très sérieux devoirs à celui qui la possède. Elle est un grand bienfait lorsqu'elle a été bien donnée ; lorsque, appuyée sur cette base solide qui est une foi véritable, elle n'a pas développé outre mesure les dispositions contradictoires de l'esprit au détriment des instincts généreux du cœur et des lois de la conscience.

Mais elle n'appartient pas non plus uniquement à celui qui l'a reçue ; elle appartient encore à ceux qui entourent ce *privilégié;* et lui, il doit les en faire profiter, non-seulement en s'élevant, lorsqu'il le peut, par des œuvres sublimes dans les régions supérieures de la philosophie, de l'histoire, de la littérature et des arts, mais en sachant descendre, toutes les fois qu'il le faut, dans les régions indispensables de la vie politique.

II.

L'homme qui a l'instruction et la fortune offre de sérieuses garanties, car, si son cœur est droit et sa raison saine, il sera *indépendant;* c'est-à-dire que lorsque sa conscience, éclairée par son instruction, lui aura montré la vérité, il ne sera pas retenu, pour s'y soumettre et la proclamer, par des considérations de l'ordre matériel.

Sans doute, on peut être indépendant hors de ces conditions; mais alors il faut avoir un jugement exceptionnel qui permette de suppléer au savoir, et un cœur assez haut pour préférer la souffrance et l'abaissement aux transactions de la raison et de l'honneur.

De nos jours, il est triste de le dire, peu d'hommes sans instruction et sans fortune ont été indépendants, et beaucoup trop de ceux qui jouissaient de ces biens n'ont pas su le demeurer; mais leur responsabilité est loin d'être la même, car celui qui se trompe volontairement, entraîné par l'orgueil, la vanité ou l'ambition, est mille fois plus coupable que celui qui est pour ainsi dire trompé malgré lui, pressé par la honte, la douleur et la faim.

L'indépendance est facile à l'homme riche et instruit et peut lui être infiniment profitable; qu'il cherche donc par-dessus tout à la conserver.

Qu'il la préserve avec un soin minutieux; qu'il évite, non ce qui peut porter atteinte à son caractère, mais simplement le faire soupçonner.

Qu'il préfère aux choses qui brillent d'un éclat toujours fugitif, les œuvres modestes mais solides, qui ne peuvent jamais être ternies.

Qu'il soit prêt toujours à se dévouer, sans intérêt d'ambition comme sans profit matériel, au service des convictions profondes qui doivent, comme des colonnes de granit, soutenir, appuyer, fortifier le cœur et la raison de tout honnête homme.

Il pourra parfois lui paraître dur d'en agir ainsi; mais, qu'il en soit bien convaincu, il le doit à *Dieu*, à sa *famille* et à la *société*.

A *Dieu*. Pour connaître son devoir envers lui, il n'a qu'à interroger sa conscience, et elle lui répondra que si le Dieu de justice lui a permis la jouissance de biens aussi grands, c'est qu'il a placé à côté de cette jouissance des obligations considérables qui en sont pour ainsi dire la compensation.

A sa *famille*. Ses enfants, auxquels il transmettra une fortune et fera donner l'instruction, n'auront rien à désirer de ce côté; mais il doit leur laisser, en outre, des exemples et des souvenirs qui puissent les inspirer, qui leur permettent de comprendre un jour ce que c'est que le DEVOIR, et comment en l'accomplissant on mérite l'estime de soi-même et de ses concitoyens.

A la *société*, enfin. L'intervention de l'homme riche et instruit au milieu des difficultés sociales est de la dernière importance.

D'abord, en venant parmi ceux qui travaillent et qui souffrent, il fera pour lui-même une étude des plus productives. Il verra, de toute évidence, que l'homme a toujours en lui, à côté de l'élément du mal, l'élément du bien, et qu'auprès de certaines natures ayant toutes les apparences de la grossièreté et de la corruption, s'il n'y a qu'un mot à dire pour faire jaillir les passions les plus désordonnées, il n'y en a qu'un à dire également pour faire surgir de bons sentiments.

Il jugera, par conséquent, combien il serait nécessaire et bienfaisant que les hommes honnêtes et instruits, exempts de coupables ambitions, sussent vaincre des répugnances étroites et venir plus souvent vivre, penser et parler au milieu des délaissés de la morale, de l'instruction et de la fortune.

Ces derniers, de leur côté, éclairés par la voix de la justice et du bon sens, et touchés du dévouement de ceux qu'ils étaient habitués à considérer comme des ennemis sociaux, deviendraient certainement meilleurs et moins hostiles aux supériorités de toutes sortes qui subsisteront toujours dans la société.

De là les germes d'un rapprochement de plus en plus nécessaire, de là enfin l'espoir fondé de cette harmonie qui nous apparaît plus indispensable encore à la suite de nos malheurs et de nos déchirements, mais que nous n'atteindrons jamais en dehors des lois salutaires de la *philosophie chrétienne*.

III.

La patrie souffre cruellement, et pour diminuer sa souffrance, bien des réformes sont à faire. Mais avant de réformer autour de nous, il faut nous réformer nous-mêmes, il faut refouler ces instincts de plaisir, d'orgueil et surtout d'indifférence qui nous poussaient presque exclusivement vers les puérils soucis de l'oisiveté.

Toutes les forces vives du pays doivent être recueillies et employées; aussi n'est-il pas un homme indépendant qui puisse dire aujourd'hui qu'il vivra sans chercher à apporter sa pierre ou son grain de sable à l'œuvre de la régénération.

Il y a place pour les travailleurs de tous âges dans l'atelier de la reconstruction nationale.

Les *vieillards* ont l'expérience et le souvenir. Qu'ils s'en servent pour nous faire connaître et apprécier ce qu'ils ont vu.

Qu'ils soient l'histoire vivante de nos révolutions. Qu'ils nous disent ce que nous avons gagné ou perdu à ces convulsions chroniques qui sont le tempérament de notre pays. Qu'ils nous montrent ce que valent réellement et la gloire, cette idole à laquelle la France a tout sacrifié, et le despotisme, ce port de salut si fatal au navire de nos destinées.

Qu'ils nous parlent de ces choses, en oubliant sans doute les haines d'autrefois et les affections personnelles qui pourraient les égarer; mais qu'au souffle irrésistible de la conscience et de la vérité ils nous aident à discerner le bien d'avec le mal; et si, comme je le crois fermement, ils pensent qu'il n'y a plus de doute possible sur certaines pages de notre histoire, qu'ils nous apprennent à haïr pour toujours ces expédients politiques, qui ont été sanctionnés sans doute par le vote inconscient d'une génération affolée, mais qui n'ont servi qu'à des aventuriers et qui nous ont coûté notre sang, notre honneur et notre liberté.

Et nous, sachons les écouter, n'oublions pas que l'expérience est une chose indispensable en tout, et que si par notre âge nous n'avons pu en acquérir une personnelle, nous devons du moins savoir profiter de celle des autres.

Je ne prétends pas que les hommes qui nous ont précédés doivent se borner uniquement au rôle de narrateurs et de conseils. Non.

Je sais que parmi eux plusieurs ont passé leur vie tout entière à penser, travailler et agir, et qu'aujourd'hui encore ils agissent dans l'intérêt commun. Je sais que si les plus éminents sont à la tête des affaires, c'est toute justice, et que ce ne peut être que pour notre plus grand bien, parce que leurs facultés, incessamment développées par l'étude et la réflexion, leur inspirent, dans les conseils, des lumières que des systèmes trompeurs ont empêché d'autres d'acquérir; parce qu'aussi leur raison est trop haute et leur âme trop épurée pour qu'ils puissent céder à des passions étroites qui ne seraient d'aucun profit pour eux et nous conduiraient fatalement à une ruine plus complète et dans des abîmes plus infranchissables.

Mais de tels hommes ne sont qu'une élite peu nombreuse, que le temps, un temps trop court, hélas! doit bientôt diminuer.

Lorsqu'ils ne seront plus, il faudra les remplacer.

Pensons-y bien, et par les qualités qu'ils possèdent jugeons de celles qui nous manquent et dont nous devons, quelque modestes que soient nos aspirations, le plus rapidement possible nous rapprocher.

Ne nous dissimulons pas que lorsque ces hommes exceptionnels, devant l'intelligence ou le caractère desquels tous les autres sont prêts à s'effacer, auront disparu, ceux de leurs contemporains qui leur survivront dans la vie ne leur survivront guère dans la politique, car il existe un entraînement irrésistible vers les *hommes nouveaux*.

Cet entraînement maintenu dans des limites raisonnables me paraît, je l'avoue, assez justifié, car les hommes politiques anciens nous apporteraient pour la plupart, aujourd'hui, des animosités et des préoccupations d'un autre âge, que nous devons au contraire travailler à éteindre.

Je ne voudrais pas que cette opinion pût paraître une ingratitude envers nos devanciers, car ce sentiment est très éloigné de moi; mais il me semble incontestable que pour arriver à l'union la plus grande, que pour trouver ce terrain politique commun sur lequel tous pourront travailler ensemble, les hommes nouveaux valent mieux que la plupart des anciens.

Une alliance sincère est impossible entre les hommes qui avec des passions différentes ont combattu au milieu des crises politiques et sociales de notre pays, tandis que cette alliance est possible même entre leurs propres enfants.

Certainement, chacun de nous, et personne ne pourra lui en faire un crime, conserve au fond du cœur certaines prédilections d'éducation et de famille, mais chacun de nous aussi sent la nécessité des concessions réciproques; et, comme sa raison n'est pas troublée par des souvenirs personnels et par le mirage des illusions passées, il est mieux disposé à se soumettre aux transactions honorables imposées par le bon sens et le patriotisme.

Il est mieux disposé aussi à rompre avec une *routine* qui peut être chère encore à ceux qui l'ont pratiquée de bonne foi, mais qui a porté des fruits trop amers pour n'être pas jetée sans scrupule aux profondeurs d'un oubli sans retour.

Il est mieux disposé enfin à aller partout, infatigable et impartial, à la recherche d'un *progrès* que nous n'aurons guère atteint que lorsque nous serons devenus le contraire de ce que nous sommes, dans nos mœurs, dans beaucoup de nos lois et dans tous nos préjugés.

IV.

Je le dis avec une conviction profonde, c'est aux hommes *jeunes* en général, et en particulier à ceux de la classe riche et instruite, qu'incombe la responsabilité de notre avenir politique.

Ils doivent en être les ouvriers principaux, non

pas des ouvriers mélancoliques, travaillant avec
lenteur et indifférence jusqu'à ce que vienne la fin
du jour, mais des ouvriers ardents et infatigables,
s'épuisant pour ainsi dire au travail le jour et la
nuit. La tâche qu'ils ont à accomplir est une tâche
immense qu'il ne suffit pas de bâcler négligemment,
mais qui réclame au contraire toutes leurs forces,
tous leurs soins, car de la manière dont ils s'en ac-
quitteront dépend non-seulement leur destinée personnelle, mais la destinée d'une grande nation tout
entière.

Bon nombre d'entre eux, il est juste de le proclamer, ont généreusement débuté, lors de la guerre,
dans la vie nouvelle, donnant partout l'exemple,
non-seulement dans ces deux phalanges choisies,
immortalisées à l'envi par les soldats et par les
chefs, mais dans l'armée, dans la mobile et sur les
remparts mêmes de la capitale. Nos mémoires sont
pleines du souvenir de leur héroïsme et de leur dévouement.

Et pourtant ils avaient les biens qui font l'agré-
ment de la vie, plusieurs même ces liens sacrés de
la famille qui en assurent la félicité.

Souvent, j'en suis certain, entre deux alertes, la
nuit au poste du combat, à l'heure où tout som-
meille, excepté les hommes qui se tuent dans le devoir ou dans le plaisir, bien des souvenirs touchants
et cruels ont envahi l'âme de ceux qui allaient se
dévouer.

Des images chéries qui traversent votre pensée et

qui viennent, comme un rayon d'espoir, vous promettre les joies du retour, quel mirage doux et consolant! Mais au milieu d'une nuit d'hiver, où tout est noir et froid, excepté le sang qui coule et le feu qui jaillit, voir une tête de femme jeune et désespérée s'affaisser dans des sanglots et dans des larmes pleines de pressentiments, et à côté d'elle de frais et blonds visages, avec des yeux fermés qu'on ne verra plus, quel rêve affreux, quel supplice atroce pour l'homme qui va mourir!

Que ceux qui cherchent en vain le *bonheur* sur la terre et donneraient pour en posséder une goutte leurs trésors, leur vie et leur honneur, nous disent ce qu'il en doit coûter pour l'abandonner, lorsqu'on sent qu'on le possède, non pas pour un instant ou pour une heure, mais pour la vie entière, dans cet *idéal de la famille,* le seul que Dieu nous permette d'ambitionner et d'atteindre.

Les hommes qui ont supporté de pareilles tortures ou qui les ont affrontées étaient pourtant pétris du même limon humain, mais ils avaient le SENTIMENT DU DEVOIR.

Un trop grand nombre ont succombé; mais, grâce à Dieu, beaucoup aussi ont survécu et vont rentrer dans la vie privée. Eh bien! la patrie les en conjure, après avoir si noblement compris leur *devoir de soldat,* qu'ils ne se méprennent pas sur leur *devoir de citoyen.*

Ils trouveront encore dans la société trop d'hommes jeunes qui, subissant l'influence fatale d'une éducation détestable, se laisseront aller aux habitudes d'autrefois. Sans être un esprit morose, chagrin ou poseur, on peut trouver cet entraînement déplorable. Loin de le subir, comme nous l'avons tous fait plus ou moins pendant trop longtemps, qu'ils profitent du prestige qu'ils ont si glorieusement acquis pour modifier un peu dans le sens du bien les idées de ceux qui les entourent.

Certes, rien n'est plus naturel que le besoin de se distraire, que l'instinct qui porte l'homme à varier son costume selon son éducation et ses habitudes ; mais faire du *plaisir* son seul travail et du *genre* son seul oracle, c'est vouer sa vie à l'ennui et au ridicule, aussi bien qu'à l'absurdité et au néant.

Soyons bien certains qu'à défaut d'une tribune dans le Parlement ou dans les assemblées de nos provinces, la chaise de paille d'un conseil municipal de village est un piédestal vraiment plus glorieux que cette place de laquais au deuxième étage d'une voiture de course foulant pendant deux heures les mêmes cailloux de la promenade publique.

V.

C'est nous qui devrons surtout parler et agir ; il faut donc nous y préparer tous les jours par la pensée, car il est bon de savoir un peu d'avance ce que l'on doit dire, ce que l'on doit faire ; et, puisqu'on appelle *convictions* ces élans du cœur qui, après avoir été corrigés par la raison, deviennent les guides tutélaires de la conscience, il importe de nous former des convictions solides en *religion* et en *politique*.

En *religion;* car il n'est pas indifférent pour nous, Français, de distinguer si, comme le prétend l'école philosophique, c'est le catholicisme qui nous a conduits à notre abaissement national, ou si, comme le croient beaucoup d'honnêtes gens, c'est au contraire parce que nous avons méconnu sa morale et ses préceptes que nous sommes tombés aussi profondément dans l'abîme; et il n'est pas indifférent non plus pour la société que ceux qui doivent la conduire sachent bien s'ils lanceront dès l'enfance les hommes vers le *doute* ou vers la *foi*.

En *politique* aussi ; car au-dessus des prétentions étroites et mesquines trop souvent de ce qu'on appelle les partis, il y a des principes supérieurs et de source divine qui portent en eux la justice et la vérité.

En cette matière comme en toute autre, pour se tromper le moins possible dans la pratique, il faut avoir étudié la théorie, et je crois que si nous le faisons avec modération et bonne foi, il peut en résulter pour nous des points de rapprochement aussi nombreux que désirables.

VI.

Très peu d'hommes jeunes contestent le *droit théorique* pour un peuple de participer souverainement à la conduite de ses affaires; mais beaucoup ont une préoccupation qui leur fait envisager l'exercice du droit comme très dangereux lorsqu'il est pratiqué d'une manière inconsciente.

Cette préoccupation est évidemment très sérieuse, et il faut chercher tout d'abord le moyen par lequel le pays pourra le mieux exprimer, non pas la volonté des meneurs, des intrigants et des aventuriers, mais *sa volonté propre;* c'est-à-dire celle qui est conforme à ses intérêts de toutes sortes.

Ce moyen, c'est une bonne *loi électorale.*

Cette loi, une fois faite, à quelle œuvre politique servira-t-elle ?

Devons-nous encourager nos concitoyens à abdiquer encore dans les mains d'un de *ces sauveurs* qui ne sauvent guère, en fin de compte, que les nombreux millions qu'ils ont dérobés, ou bien leur conseiller de se substituer dans les questions si complexes, si délicates, de Constitution et de gouvernement, des mandataires dévoués, énergiques, intelligents et surtout désintéressés ?

De même que tout le monde ne sait pas plaider une cause ou faire un vêtement, de même il me semble évident que tout le monde ne peut pas savoir faire de la politique; et pour cela, comme pour bien d'autres choses, il faut choisir des intermédiaires, intermédiaires toutefois qui n'aient pas seulement le talent, mais par-dessus tout le *bon sens* et l'*honnêteté*.

Enfin, si, comme il est permis de l'espérer, notre pays adopte la croyance que l'état politique le meilleur ne peut être ni dans l'excès de l'autorité qui s'appelle le *despotisme*, ni dans l'excès de la liberté qui est la *licence* et produit l'*anarchie*, ses mandataires devront chercher à lui faire une Constitution qui donne à la *loi* la place souveraine qu'elle mérite d'occuper au milieu d'une société libre, au sein d'un peuple soucieux de sa dignité comme de ses intérêts.

C'est alors, mais seulement alors que devra se présenter cette question de forme gouvernementale qui nous préoccupe d'une manière si fâcheuse; et nous devons nous demander si nous sommes décidés à l'aborder avec le sang-froid et la modération d'*hommes de principes*, préoccupés avant tout de l'intérêt public, et non avec la passion à laquelle se laissent toujours fatalement entraîner les *hommes de parti*.

D'abord, comment le problème doit-il être posé?

Faut-il, en abusant des mots qui divisent, perdre de vue les besoins qui rapprochent, et en se séparant sans prudence comme sans réserve en *républicains* et *monarchistes*, oublier que si les gens honnêtes diffèrent sur les moyens, ils ne sauraient différer sur le but à atteindre, qui est, par la légalité, l'instruction et une politique appuyée sur le droit, de régénérer notre malheureux pays, perdu par l'arbitraire, l'ignorance et les révolutions?

Je crois que le problème doit être posé tout autrement et de la manière si simple que voici : La Constitution française étant faite, quel sera le pouvoir chargé de l'appliquer? Sera-ce un pouvoir *temporaire,* variable dans des mains choisies, ou bien un pouvoir *permanent, héréditaire* dans une même famille? Voilà tout.

Certainement, dans le premier cas, ce serait la *république,* et dans le second, la *monarchie.* Mais y a-t-il donc l'abîme qu'on veut bien dire entre ces deux formes de gouvernement ainsi comprises; entre la seule république vraiment digne de ce nom, la république ouverte à tous les hommes honnêtes, à tous les généreux sentiments, à tous les respects, à toutes les croyances, et la seule monarchie possible aujourd'hui, la monarchie *constitutionnelle,* régime tempéré qui conserve les avantages du régime primitif, c'est-à-dire la fixité du pouvoir au moyen d'une transmission calme et régulière, tout en paralysant par les sages prévoyances d'une Constitution les inconvénients qui pourraient résulter d'un souverain incapable ou malhonnête?

La preuve qu'il n'y a pas antagonisme absolu, c'est que les résultats sont les mêmes. Et, en effet, si la préoccupation est d'être libre, on l'est aussi bien en Angleterre et en Belgique, par exemple, qu'en Suisse et aux États-Unis.

N'exagérons donc rien. Sachons refouler au dedans de nous-même nos sympathies personnelles et nos entraînements les plus justifiables; sachons échapper à l'influence des souvenirs, des affections et des habitudes, et nous nous convaincrons que cette question de gouvernement qui exalte si tristement les esprits est tout simplement une *question d'opportunité* fort *inopportune* à résoudre en ce moment.

L'heure viendra, évidemment, où il sera nécessaire de faire un choix définitif, mais il ne serait profitable pour personne de précipiter la solution ; car, si la république a intérêt à durer, — ce qui est un axiome, — la monarchie, dans le cas où elle devrait revenir, a un intérêt immense à être débarrassée de cette tâche atrocement douloureuse qui est la *liquidation* de toutes nos ruines.

Que ses amis en soient certains, on lui reprocherait encore, comme à une autre époque, les conséquences funestes des fautes d'autrui, et l'on s'en servirait comme d'un argument pour la combattre et la renverser.

Le pouvoir actuel me paraît donc fort sage en établissant dans son programme qu'avant de prendre une résolution, il faut attendre le retour du pays au calme et à un fonctionnement administratif à peu près régulier.

Lorsque cette première étape sera parcourue, la *question d'opportunité* entre la république ou la monarchie se dressera devant nous imminente et op-

portune, et ceux qui seront alors les représentants
de la nation devront envisager dans toute son éten-
due la responsabilité immense qui pèsera sur eux.
Leur meilleur guide en cette occurrence solennelle,
ce sera leur conscience, qui ne les trompera guère
s'ils savent la dégager des préoccupations étroites
et secondaires et l'entourer de toutes les lumières
que nécessite un sujet aussi complexe.

Qu'ils n'oublient pas, dans tous les cas, qu'ils
doivent à la France un pouvoir ferme et scrupuleux,
aussi énergique à faire exécuter les *lois* qui con-
damnent le *désordre* et la *licence* que patient à sup-
porter celles qui consacrent les droits de la *liberté.*

VII.

Je pourrais peut-être chercher à prévoir la solution. Mais pourquoi le faire? C'est du *devoir* que
nous nous occupons surtout ici, et il est le même
dans les deux cas.

Si la *république* est maintenue et que nous soyons
monarchistes, nous ne devons pas nous placer en
face d'elle en antagonistes, toujours désireux de lui
voir commettre des fautes, dans l'espoir qu'elles
contribueront à la renverser, et nous manquerions
à tous nos devoirs si nous ne participions plus avec
la même sincérité et la même ardeur au bien général. Du reste, sous un régime où il ne peut y avoir

d'exclusion pour personne, il nous sera facile d'arriver à la place légitime que nous devons occuper, et du haut de laquelle nous surveillerons le pouvoir dans le sens de nos préoccupations.

Si, au contraire, la *monarchie* est proclamée et que nous soyons *républicains*, persuadons-nous bien que nous serions de véritables *criminels* si nous nous en faisions les ennemis systématiques. L'expression n'est pas trop forte, car, après les secousses inouïes que nous supportons, si le pays, poussé vers la monarchie par ses inquiétudes, se confiait au régime *constitutionnel* pour n'aboutir, en fin de compte, qu'aux désastres d'une nouvelle révolution, nous serions bientôt fatalement rejetés dans le plus profond de tous les abîmes qui est le *despotisme*.

VIII.

Quelle que soit la décision de la Chambre ou du pays, le choix d'un gouvernement entraînera. toujours après lui certaines questions immédiates auxquelles il importe aussi de penser.

Dans l'hypothèse de la *république*, par exemple, c'est-à-dire d'un pouvoir temporaire électif, comment devra se faire cette élection périodique?

Sera-ce par le *vote direct des citoyens?* Mais l'expérience a démontré que rien n'est plus déplorable dans ses conséquences que l'abus du système qui consiste à faire résoudre les problèmes les plus difficiles par ceux qui ont le moins d'instruction et de compétence; et personne ne contestera que rien n'est plus embarrassant que d'apprécier si un homme a toutes les qualités requises pour exercer même momentanément la magistrature suprême. Alors, naturellement, ce sera par le *vote de l'Assemblée*. Eh bien! il faut encore distinguer.

Si le *président* ainsi choisi, véritable président du conseil des ministres, est révocable à toute heure par la Chambre, comme M. Thiers aujourd'hui, ce système aura sans doute pour résultat de le placer plus complétement sous la dépendance des représentants du pays, mais il aura l'immense inconvénient de le mettre à la merci des moindres entraînements d'une Assemblée, qui pourra détruire dans un moment de surprise ce qu'elle n'a édifié qu'après de sérieuses réflexions. Il sera donc urgent d'examiner si, à tous égards, il ne vaut pas mieux accorder au président, par la Constitution, *certains droits* qui lui permettent de contenir les excitations passionnées qui, à certains moments, peuvent toujours égarer une Assemblée, et s'il ne serait pas bon, en conséquence, de donner à son mandat une *durée égale* au mandat de la Chambre qui l'aura élu.

J'ajouterai, à ce propos, que pour parer aux dangers d'une seule Assemblée, on a imaginé d'en créer deux. Mais, outre que la deuxième Chambre est très difficile à trouver dans notre pays, ce moyen ne me paraît plus correspondre suffisamment aux nécessités de la situation. Ce qui me semblerait plus en harmonie avec les tendances décentralisatrices de l'époque et ses besoins légitimes, ce serait d'ériger les conseils généraux en véritables assemblées départementales dont les attributions seraient limitées, de manière à éviter soigneusement tout conflit politique avec l'Assemblée souveraine, mais dont l'influence serait assez grande cependant pour pouvoir faire entendre, à tout instant, l'opinion et les vœux de la France par la voie de mandataires spéciaux, auxquels serait interdit de cumuler le mandat de conseiller général avec celui de député.

IX.

Ce n'est pas seulement l'adoption de la forme républicaine qui ferait surgir des difficultés à résoudre, il en serait de même pour l'adoption de la forme *monarchique*.

Il semblerait pourtant que si la Chambre opté pour la monarchie, sa tâche sera bien près d'être achevée, parce que ce mot de monarchie, qui couvre un grand principe gouvernemental, ne peut être ni travesti, ni interprété au gré des prétentions de chacun. Il n'en serait point ainsi, hélas !

Malheureusement pour notre pauvre pays, beaucoup plus libre, plus riche et plus fort s'il fût resté dans une ligne politique droite et persévérante, à toutes les époques les passions l'ont emporté chez lui sur le bon sens et la réflexion. Il a confondu la nouveauté, le changement, avec le progrès; trouvant les voies ordinaires lentes et incomplètes, il s'est livré à tous les hasards de l'inconnu, et au milieu de révolutions toujours fatales pour ses intérêts, il a essayé tour à tour de la monarchie *militaire,* de la monarchie *bourgeoise* et de la monarchie *démocratique.* Qu'a-t-il réussi à fonder? *Rien.*

Non-seulement il n'a rien fondé, mais il a tout compromis; les ruines matérielles et morales nous entourent.

A l'heure où j'écris ces lignes, Paris est encore aux mains d'intrigants et de scélérats; le canon tonne pour une lutte fratricide, et plutôt que de vivre honnêtement dans le travail, de malheureux insensés, poussés par des voix impies, s'en viennent mourir volontairement dans le crime.

Et pendant ce temps, tandis que ces hommes sont ardents et unis pour le mal, les gens honnêtes, ce qu'on appelle les *conservateurs,* non-seulement se divisent en républicains et monarchistes, mais les monarchistes eux-mêmes se subdivisent en groupes différents; car il en est encore que l'expérience n'a pas éclairés et qui, troublés sans doute par des souvenirs ou des espérances personnelles, voudraient rattacher le salut de la patrie aux branches fragiles d'une royauté *d'aventure ou d'à peu près.*

X.

En dehors du parti monarchique proprement dit, le seul du reste qui ait vraiment le droit de s'intituler de la sorte, il y en a au moins deux autres qui soutiennent les prétentions royales de tel ou tel personnage.

De l'un je ne parlerai pas, parce que je me suis imposé d'observer toujours la plus stricte modération, parce que d'ailleurs, s'il a encore des adhérents intéressés ou aveugles, tous ceux qui comprennent et qui sentent rougissent, du moins, rien qu'en y pensant ; mais je veux constater seulement que, malgré les désastres dont il est synonyme et l'indignation qu'il soulève, il persévère dans ses espérances, et sera toujours prêt à profiter des fautes de ses ennemis aussi bien que de la mobilité de notre nation.

Quant à l'autre, il mérite à l'heure actuelle un jugement tout différent. Appuyé sur des princes aux qualités nobles et séduisantes, dont le seul défaut est un défaut de famille mal contenu, l'ambition, il est en général composé d'hommes intelligents et pratiques ; mais, qu'il n'en doute pas, à lui seul il ne peut pas établir une royauté stable, parce que la *monarchie* repose sur l'*hérédité*, base indispensable qui manquerait à son trône, et qu'il est impossible de consacrer une seule violation de ce principe sans, par le fait, en autoriser implicitement une foule d'autres, et aboutir bientôt à la négation même de la monarchie.

En conséquence, dans le cas où la république serait jugée absolument impossible à consolider chez nous, les orléanistes ont un grand devoir de raison et de patriotisme à remplir, et de leur attitude peut dépendre le salut du pays.

S'ils comprennent ce devoir et viennent joindre leurs forces à celles du parti monarchique pour relever la couronne constitutionnelle sur la tête d'un roi légitime et incontesté, la France pourra être sauvée des aventuriers et des révolutions, parce qu'elle aura un pouvoir assez *stable* pour inspirer confiance aux intérêts, assez *fort* pour assurer l'exécution de toutes les lois, et assez *honnête* pour tenir les promesses qu'il aura faites.

Cette solution, conforme à l'intérêt général, n'est pas moins conforme à l'intérêt particulier des princes d'Orléans. Elle est un trône à courte échéance pour l'un d'eux et un avenir pour toute cette famille qui commence à se diviser et dont les membres, avant peu, seraient même fatalement entraînés à se combattre les uns les autres. En outre, elle ne peut en rien porter ombrage aux légitimes ambitions des hommes du parti, car les légitimistes d'origine sont en général peu disposés aux affaires, et le roi de *tous* serait trop heureux de prouver la sincérité de la réconciliation en s'appuyant sur toutes les intelligences et tous les dévouements.

Mais si, au contraire, aveugles jusqu'à nier l'évi-

dence, les orléanistes persistent dans une sépara-
tion déplorable , peut-être triompheront-ils une
heure, mais, qu'ils en soient certains, ils ne fonde-
ront rien de durable; le principe de l'hérédité sur
lequel ils voudront s'appuyer manquera sous leurs
pas, parce qu'eux-mêmes l'auront deux fois violé, et
au lieu de jeter les racines d'un édifice monarchique
à l'abri du temps, plus dangereux qu'aucune république ils n'auront réussi qu'à jeter dans un sol trop
propice les germes de révolutions nouvelles; le pays
enfin verra s'ouvrir devant lui une ère de bouleyer-
sements dont la responsabilité pèsera tout entière
sur le parti qui les aura amenés, et qui ne pourront
profiter qu'aux escamoteurs que nous connaissons.

On prétend bien aussi que certains légitimistes, très
respectables d'ailleurs dans leur sincérité, repous-
sent toute pensée de réconciliation avec la famille
d'Orléans. Cela est possible, car l'erreur se trouve
partout dans l'humanité, et il n'y a pas de cause qui
ne compte quelques amis plus dangereux que ses
pires ennemis.

Mais je crois ces hommes infiniment peu nombreux; et, dans tous les cas, je suis convaincu qu'il
n'y a pas à se préoccuper de leur influence.

D'abord, parce que ce sont ceux-là mêmes qui
voudraient ramener la monarchie, non pas au nom
de la *raison politique,* mais au nom du *droit divin,*
théorie très généralement repoussée.

Ensuite, parce que le jour où ils refuseraient d'ac-
cepter le *seul* ordre de succession, conforme à la loi

monarchique française, ils cesseraient d'être *légitimistes*.

Enfin, parce que l'histoire contient des enseignements, et que le prince sur lequel ils veulent agir a
trop de bon sens, de mémoire et de patriotisme
pour se laisser paralyser, en face du salut de la
France et du trône de ses pères, par les doctrines
excessives qui ont servi de prétexte au détrônement
de son aïeul et à son propre exil.

XI.

Je viens d'indiquer les questions politiques de
premier ordre qui me semblent devoir mériter l'at-
tention la plus immédiate des hommes jeunes des-
tinés à la vie publique; il y en a une foule d'autres,
qui touchent aux lois et aux progrès de toutes
sortes, qu'il nous faudra étudier aussi peu à peu ;
car il est indispensable que nous ayons sur toutes
choses une opinion raisonnée, afin de pouvoir défendre toujours, dans l'ordre moral, la *vérité*, et
dans l'ordre matériel, la *justice*.

XII.

Mais notre devoir ne se borne pas là.

Il ne suffit pas de travailler, il faut avoir le courage de combattre.

Il ne suffit pas d'avoir des idées saines, il faut les propager, il faut les apporter sur le champ de bataille de la politique, et déployer son drapeau pour rallier autour de soi les volontaires de ce patriotisme pacifique qui, par les voies de la concorde, du travail et de la foi, peut seul conduire le pays à sa régénération.

Tandis que la plupart des hommes qui parlent au peuple cherchent systématiquement à le séduire et le corrompre en excitant ses *appétits* et ses *colères*, il faut, par la parole et par la plume, au milieu des assemblées de toutes sortes, comme dans la littérature et dans la presse, travailler à le convaincre en s'adressant à sa *conscience* et à sa *raison;* il faut par notre sollicitude pour ses intérêts, par notre sympathie et par notre sincérité même, lui prouver qu'il y a réellement plus d'amour fraternel dans l'âme de ceux qui sur le drapeau national ont inscrit à côté du mot *Liberté* un autre mot qui en est le bouclier indispensable, *Ordre,* que dans le cœur de ceux qui sur un drapeau sinistre n'ont placé ce même mot *Liberté* que pour cacher ces hontes cosmopolites qui s'appellent : *Despotisme, Anarchie, Pillage, Assassinat.*

Il faut enfin, dans les luttes électorales, conquérir autant que possible ces postes de choix qui donnent l'influence et la considération ; et tout cela, je ne saurais trop le répéter, uniquement pour employer son influence au profit de la *vérité* et sa considération au profit de la *justice.*

Ce n'est pas là une de ces ambitions malsaines où tout est tactique, combinaisons et calculs d'intérêts; c'est mieux même qu'un sentiment avouable, *c'est un devoir*, parce que c'est le meilleur moyen de pouvoir lutter en faveur du bien, et parce que, d'ailleurs, à côté des satisfactions passagères de l'amour-propre, le succès apporte des obligations impérieuses et permanentes de dévouement et de sacrifice.

Je n'exagérerai rien en disant que le chemin de la politique est bordé de ronces et d'épines.

Certes, je le sais, pour l'ambitieux intrigant qui veut se faire un marchepied de l'élection et obtenir ainsi pour lui ou pour les siens quelque important débris du budget de l'État, il y a une tentation très grande à venir exploiter, avec des promesses qui coûtent peu, la crédulité publique. Mais pour l'homme qui ne veut absolument rien conquérir que la possibilité de faire un peu de bien et la conscience d'être estimable, croit-on qu'il y ait un si grand charme à descendre dans l'arène électorale?

Il ne faut pas se le dissimuler, quelque désintéressement qu'on ait au fond du cœur, c'est se vouer tôt ou tard aux outrages, à la calomnie, aux insinuations perfides, et, quels que puissent être le bon sens et l'intelligence, c'est se préparer les déboires, les découragements et les dégoûts.

Et pourtant il ne faut pas hésiter, il faut quitter la tranquillité de son foyer. Il faut venir affronter

les inimitiés inconscientes comme les susceptibili-
tés ombrageuses, les invectives de la haine comme
les promesses de l'hypocrisie, les attaques violentes
d'ennemis inconnus comme les hésitations, si péni-
bles au cœur, d'amitiés froides ou jalouses.

Pour être à la hauteur du devoir, il ne faut pas
seulement le courage de la décision, de l'initiative et
de la persévérance, il faut encore un courage plus
difficile, le courage de la modération. Au moment
de la lutte, il faut savoir parfois s'arrêter. — Il ne
faut pas oublier que ce qu'on doit vouloir avant
tout, ce n'est pas le triomphe de soi-même, mais le
triomphe des *doctrines vraies*, et que, par conséquent, la place appartient de droit à celui qui peut
le mieux les défendre.

Si donc un homme se rencontre plus à même, par
son intelligence, sa situation et son caractère, de
faire prévaloir nos convictions, notre devoir est de
nous effacer devant lui.

Mais il arrive souvent que deux ou plusieurs
hommes, dans des situations analogues et avec des
idées à peu près semblables, sont convaincus avec
une égale bonne foi de l'opportunité de leur candi-
dature. Que faire alors? Rien n'est plus simple. Il
faut faire ce que font les concurrents devant un jury
d'examen : ils exposent leurs idées et répondent
aux questions qui leur sont posées, sans s'occuper
de la personne de leurs compétiteurs. Eh bien!
nous n'avons qu'à agir de même devant le jury
électoral, nous n'avons qu'à bien lui faire connaître

nos idées, sans nous occuper de la personne de nos concurrents, et à attendre le jugement qu'il portera.

Mais surtout, que ces campagnes électorales qui vont être si fréquentes ne dégénèrent point en discordes intestines; qu'elles ne soient pas, comme cela arrive malheureusement trop souvent, la source d'animosités locales, de brouilles regrettables, de froissements de toutes sortes enfin, ou de sourdes rancunes.

Notre conscience, d'accord avec tous nos intérêts, nous ordonne de rester unis; ne nous divisons pas à propos de ces choses qui n'ont d'importance que pour notre orgueil, mais qui ne sont rien en réalité, et puisqu'il faut parfois lutter forcément, apprenons à ne nous servir jamais que de ces *armes courtoises* qui devraient être les seules entre gens d'honneur, quels qu'ils soient, à plus forte raison entre des hommes concurrents aujourd'hui, mais qui étaient peut-être amis hier, le seront encore demain, et sont en tous cas les enfants d'une même mère : la patrie.

CONCLUSION.

J'ai essayé d'esquisser ici en quelques pages les obligations principales des hommes riches et instruits au point de vue politique; et j'ai voulu ainsi rendre hommage au SENTIMENT DU DEVOIR. Je ne puis juger si mes forces ont été à la hauteur de mes intentions, mais je crois que rien n'était plus légitime et plus opportun qu'un pareil effort.

Après avoir pendant trop longtemps douté de tout et méprisé la politique, qui est pourtant la vie d'un peuple; après avoir été pour la plupart tout entiers à nos plaisirs et aux moyens qui pouvaient nous les procurer, nous avons fait la douloureuse expérience des extrémités auxquelles sont fatalement poussées les nations indifférentes et corrompues.

L'heure n'est-elle pas venue pour nous de reconnaître enfin qu'il y a bien réellement un Dieu, source unique du bon et du vrai, que ce Dieu impose à tous les hommes une *obligation* qui est le *devoir*, et que le devoir pour nous, les privilégiés de l'instruction et de la fortune, c'est le *travail*, la *lutte* et le *désintéressement?*

Il faut travailler pour apprendre ce qu'on ignore et pouvoir appliquer ce qu'on a appris, au bénéfice de la société tout entière.

Il faut lutter pour répandre partout les vérités morales et pratiques.

Il faut enfin travailler et lutter avec un sentiment pur de tout intérêt, d'abord parce que l'homme riche est payé d'avance de son travail et de ses efforts par ce don de la fortune, qui, sans les devoirs qu'il entraîne, serait une iniquité, et aussi parce que le but ne doit jamais être d'obtenir quand même les éloges du monde, mais bien de mériter toujours l'approbation de sa conscience.

UN DERNIER MOT.

Et si l'on me demandait maintenant à moi-même pourquoi, en ce moment, au lieu de jouir entièrement de cette nature riante et aimée dont j'ai été privé pendant de longs mois et sur laquelle mon œil se repose avec attendrissement, je m'isole et j'écris; ah! sous l'impression encore toute vivante de ce drame sinistre que j'ai vu aboutir aux atrocités de la guerre civile, je répondrais :

C'est qu'il y a des moments, à la suite des grandes crises, où l'âme déborde des émotions violentes qu'elle a longtemps contenues, où des cris involontaires s'échappent de la conscience humaine.

Alors, ceux qui sont poètes jettent au monde des extases ou des indignations sublimes; ceux qui sont les grands maîtres de l'art et de la pensée laissent tomber leurs plus hauts enseignements, et ceux enfin qui n'ont devant eux qu'une plume chétive et inexpérimentée veulent aussi s'en servir. Ils la prennent dans des doigts fébriles et, poussés par une force irrésistible, ils écrivent.

C'est ce que j'ai fait, non pas avec la prétention orgueilleuse d'influer beaucoup sur personne, mais avec la conscience, du moins, de ne pas mériter le blâme de ceux qui aiment encore sincèrement la France et sont prêts à tous les efforts pour trouver un remède à ses maux présents.

Villevert, près Confolens, 20 avril 1871.

www.ingramcontent.com/pod-product-compliance
Lightning Source LLC
Chambersburg PA
CBHW051324060726
47596CB00004B/1459